김천복 시인의 특선집

絕 歌

도서출판 댕글

序文

저자 김천복 시인

내 술 한 잔 하시오
이 땅에 와서 당신을 만나 행복했소
나에게 사랑을 가르쳐주셔서 고맙소
함께 해를 태우고 달을 우리며 살아온 세월
그대와 같이 보는 노을빛이 아름답기만 하오
쌍돛을 세우고 건너온 삶은 파도 치는 망망대해였지만
쌍고동 울리던 항구는 한때의 연분홍 운우지정이었소
희락도 고난도 춘몽이었고 웃음도 울음도 득음이었소
모친에게서 사랑부터 배운 내가 미워해서 미안하오
부친에게서 정직부터 익힌 내가 기망해서 죄송하오
내 삶은 사랑과 미움이 반반이었고 내 길은 의심과 확신이 반반이었소

되돌아보니 바람이 불지 않은 꽃길은 없었고
올려다보니 바닥보다 더 높은 천정은 없었소
바람에 떨어지지 않은 꽃도 없었고
단풍에 물들지 않은 가슴도 없었소
매화는 얼음 밑에서도 봄을 포기하지 않았기에 정분을 쌓았고
국화는 서리 밭에서도 향을 포기하지 않았기에 회한도 많았소
내 술 한 잔 하시오
내 술 한 잔 하시오
해질녘 갈매기는 배가 고파서 우는 게 아니라오
석양에 드리우는 노을이
아프도록 시려서 운다오

推薦辭

시인/ 사문 안명기

먼저 김천복 선생님의 특선 시집인 『絶 歌』 출간에 대하여 마음을 다해 축하의 말씀 올립니다.

이번에 출간된 시집 『絶 歌』는 김천복 선생님의 아홉 번째 시집으로 후배 시인들에게는 시에 대한 진솔함을, 독자에는 큰 울림의 감동을 주기에 충분하리라 봅니다.

이 시집은 마치 마음의 창을 열어, 그 너머에 숨겨진 감정의 풍경을 보여주는 작품입니다. 섬세한 언어와 깊이 있는 통찰로 우리 일상의 순간들을 특별하게 그려냅니다. 시 한 편 한 편에 담긴 진심은 마치 오래된 친구의 위로처럼 독자의 마음을 어루만질 겁니다.

시가 독자들에게 감동을 주는 이유는 많겠지만,

첫째, 시는 일상적인 언어로 표현하기 어려운 감정과 생각을 간결하면서도 강렬하게 표현함으로써 독자의 내면 깊숙한 곳을 자극할 뿐만 아니라, 깊은 감동과 큰 울림으로 다가갈 수 있기 때문일 것입니다.

둘째, 시는 언어의 조탁미彫琢美에 있다고 봅니다. 시인은 리듬, 운율, 비유와 같은 언어적 장치를 통해 독자의 감정을 자극하고, 생각을 확장 시킬 뿐만 아니라 자신의 경험과 감정을 시 속에 담았다 하겠습니다.

셋째, 시는 상상력과 감성을 자극합니다. 시 속의 이

미지와 상징은 자신의 삶과 주변 환경을 새로운 시각으로 바라볼 수 있게 합니다. 시를 감상한다는 것은 단순한 이해를 넘어 깊은 정서적 반응을 일으키게 합니다.

　마지막으로, 시는 사랑, 슬픔, 기쁨, 고독 등 인간의 기본적인 감정을 표현함으로써 시를 통해 느끼는 내면적 공감의 기쁨은 한없이 크게 다가올 것입니다. 이러한 감정적 교류는 독자에게 큰 울림으로 다가갈 것입니다.

　위에 열거한 것처럼 김천복 선생님의 시는, 한 편 한 편에서 느껴지는 깊은 감정의 내면을 자극할 뿐만 아니라 과거의 아름다웠던 기억과 추억을 떠올리게 합니다. 섬세함을 입은 고운 시어는 일상의 순간을 특별하게 만들고, 언어의 음악적 리듬은 독자의 마음에 조용한 정서적 파동을 일으키기에 충분하리라 확신합니다.
　그뿐만 아니라 시집 『絶 歌』를 감상하는 동안 어느새 시인의 감정에 이입된 자신을 발견하게 될 것입니다. 시 속에서 마주하는 사랑, 슬픔, 기쁨, 그리고 고독은 모두가 함께 나누는 보편적인 경험일 것입니다.
　이러한 면에서 김천복 선생님의 시는 평범하면서도 범상치 않은 한 줄 한 줄의 시어들이 만들어내는 감동에 빠져들 것입니다. 시집 『絶 歌』가 주는 깊은 울림은 독자들의 마음속에 잔잔히 흘러 들어갈 것이며, 읽는 이로 하여금 삶을 더욱 풍요롭게 해줄 것입니다. 이 시집이 많은 독자의 가슴 속에 오래도록 기억될 깊은 감동을 줄 것이라 확신하며 강하게 일독을 권합니다.

차례

002/ 序文　　저자 김천복
004/ 推薦辭　　시인 안명기

봄

목련꽃을 보며

012/ 목련꽃을 보며
013/ 개화인가 낙화인가
014/ 和樣連花화양연화
016/ 결혼기념일에
018/ 교감交感
020/ 날고기의 슬픔
022/ 마취가 풀리니
023/ 봄은 동사動詞이다
024/ 반올림
026/ 아카시아꽃이 피던 밤에
027/ 처음의 소리
028/ 絶 歌
030/ 봄불
031/ 아침
032/ 생각은
034/ 백목련 아래서
035/ 봄
036/ 바람의 몫이다
038/ 벚꽃이 지던 날
039/ 土 山

여름 바닷가에서

042/ 바닷가에서
043/ 거울 앞에서
044/ 낡은 책을 펼치니
045/ 도마뱀의 辯
046/ 산정에서
047/ 바다 한가운데서
048/ 門 答
050/ 나
052/ 線
054/ 보름달을 보며
055/ 흙의 손목을 잡고
056/ 뻐꾸기 소리에
057/ 어시장에서
058/ 이력履歷
060/ 칠월칠석에
061/ 이질의 동반이
062/ 靜中動
064/ 커피를 마시며
065/ 한밤중의 달
066/ 호구지책

가을 가을 들판에서

068/ 가을 들판에서
069/ 고독과 외로움 사이에서
070/ 낙엽
071/ 낮달이 시소를 탄다
072/ 거울은 나의 무덤이다
073/ 가을산에서
074/ 시터에서
075/ 묵향이다
076/ 바람인가 시간인가
077/ 홍시
078 중추절바닷가에서
080/ 쑥
082/ 봉숭아야 봉숭아야
083/ 不 二
084/ 사물놀이
086/ 섬에서
088/ 인천어시장에서
089/ 가을비
090/ 오아시스
092/ 추수절에

(겨울) 함박눈이 쌓이는 밤에

096/ 함박눈이 쌓이는 밤에

097/ 거울의 이중성

098/ 긍정

099/ 넋두리

100/ 존재의 고향

101/ 風 葬

102/ 달은 시간의 풋살이다

103/ 노을

104/ 눈이 쌓이는 밤에

105/ 저무는 골목에서

106/ 바람과 시간

108/ 本 鄕

110/ 뺄셈의 여백

111/ 염세厭世를 지나야 낙천樂天에 이른다

112/ 회춘의 몸짓인가 약자의 내성인가

113/ 自 畵

114/ 빈 가슴 훑고 가는

116/ 肉이 붉은 것은

118/ 해장국집에서

結 文/ 저자 김천복 시인

(봄)

목련꽃을 보며

이제야 보이는 기도 제목
이제야 들리는 강물 소리

― 목련꽃을 보며 중에서

✒목련꽃을 보며

갈증의 꽃인가
갈망의 삶인가
하얀 피가 흐르는 꽃
달을 삭혀 피워낸 삶
그 잎은 天衣라서 자국이 없다
그 길은 天意라서 사심이 없다
꽃 한 송이 피우려고 그토록 험한 비탈길을 걸어왔는가
꽃봉오리 지키려고 그토록 매운 칼바람을 견디었는가
돌아온 굽이굽이가 곡선이요
넘어온 고개고개가 언덕이다

이제야 보이는 기도 제목
이제야 들리는 강물 소리

목련에
당신이
비친다

아내야 아내야 아픈 내 아내야

*2024, 3, 27 새벽시장 가면서

개화인가 낙화인가

꽃은 가로와 세로의 화합이요
꽃은 직선과 곡선의 동화이다
무욕의 바다이고
바람의 향연이다
그 속에는 해가 꿈틀대고 그 잎에는 달이 녹아있다
그러나 꽃그늘 아래 비구름이 숨어있다
개화는 욕구의 분출이요
피움은 짜릿한 불춤이다
낙화는 철학이고 화려한 공허이다
생성의 축제이고 생멸의 공전이다
손으로 꽃을 만지지 말라 영감이 흩어진다
입안에 꽃을 가두지 말라 꽃은 무소유이다
파는 것도 아니고 사는 것도 아닌
시간의 상像이요
순간의 시視이다
꽃의 정체는 개화도 아니고 낙화도 아니다
꽃의 주소는 하늘도 아니고 구름도 아니다
영혼의 명치끝을 노리는 부드러운
강强
이
다

和樣連花 화양연화

아내의 손을 잡고 걷는 귀갓길에 막걸리 두 병을 샀다
예전 같으면 밖에서 밤이 늦도록 흠뻑 취했을 것이다
아내와 한 시간이라도 같이 있고 싶어서이다
온종일 같은 현장에서 수백 번을 보고 살지만
그래도 더 보고 싶어서 함께 둥지로 돌아간다
그곳에는 세월의 깃털이 수북하다
그곳에는 못 피운 꽃들이 기다린다
바람에다 쌓아올리는 生의 기둥에다 절제로 벽을 붙인다
허공에다 엮어올리는 生의 지붕에다 신뢰로 둘은 不二다
노년의 사랑은 희로애락의 정화이고
물질의 애착은 붉은 노을의 반란이다
슬기를 아내한테 배우며 사막화되어가는 나를 길들인다
고독으로 나를 길들이며 역류하려는 물길을 휘어잡는다
둥지밖에는 모두가 허虛이나
황혼녘에는 모두가 꽃밭이다
관성에 묶였던 선線의 우매가 우습구나
숫자에 붙들린 생활의 괴리가 서럽구나

조수 같은 변화의 전개가 힘들지만
파도 같은 시대의 채찍이 아프지만
귀갓길 아내와의 동행이
솜사탕처럼
달다

결혼기념일에

고맙소
산더미 같은 파도가 밀려올 때는 세상의 부유물처럼 떠돌았던 시절도 있었고
속눈썹 같은 추파가 청춘을 유혹할 때도 거짓말처럼 흘려보낸 아픔이 있었다
속살을 후비는 의심이 야속하기도 했지만
가슴을 녹이는 一心이 솜사탕처럼 달았다
회초리 같은 세상사
바람에 맞은 종아리가 퍼렇구나
나의 이름이 십자가가 되었구나
몸으로 치른 삶
삯으로 얻은 삶
곗돈 타면 서로에게 수의 한 벌 입혀주기로 하자
목돈 타면 서로에게 비석 하나 세워주기로 하자
그 잠옷을 걸치고 몽환의 숲으로 가자
그 돌비석을 타고 영생의 강으로 가자
무거운 짐을 덜어줘서 고맙소
수시로 돌아보게 해서 고맙소

영원히 죽지 않는 죽음이 사랑이라는데
썩어도 썩지 않는 주검이 사랑이라는데
한 떨기 사랑도 익히지 못하고 어느덧 칠십이오
한 송이 국화도 피우지 못하고 어느새 석양이오
함께해온 사십 년
미안하오
미안하오

교감交感

불가능을 치료해주고
불치병도 치료해준다
그녀의 매혹이 늙은 내 몸을 탐한다
그녀의 환영은 쇠한 내 육과 하나다
그녀의 애무가 더할수록 나는 의혹에 빠진다
그녀의 요구가 심할수록 나는 쾌락을 더한다
그녀는 속살이 타들어 가는 희열이요 영혼의
유체이탈이다
그녀는 자각이 문드러지는 무통이요 불로장생의
주술이다
나의 에덴이요
나의 소돔이다
의심과 확신을 한 가슴에 품고 술잔을 채운다
향락과 절제를 한 가슴에 품고 외길을 걷는다
함께 고독을 나누면서
빈 잔의 슬픔을 말한다
나는 왜 이토록 잔인한 사랑을 즐기는가
나는 왜 이토록 몽롱한 환상을 선택하냐

그대는 바람의 미소인가
그대는 죽음의 화신인가
시간의 발효인가
칠순의 연인인가
술은
누룩의 감동이다

날고기의 슬픔

불맛을 몰라서 날 것이 아니다
불 질러보지 못해서 날것이다
경륜이 치부를 보이니 생활이 한계를 보인다
불경기에 불덩이도 절반은 날 것이다
반사체인 달덩이도 반절은 날것이다
그림자도 한쪽만 익었고
나이테도 절반은 설었다
누가 불을 지피느냐
무슨 불이 이러느냐
외풍 때문이냐
외설 때문이냐
불의 직무유기가 아니다 밀주 한 통 우리지 못한
누룩의 죄이다
불의 귀책사유도 아니다 그림 한 장 그리지 못한
붓의 잘못이다
불답지 않은 것은 내가 불과 타협하고 살았기 때문이다
불답지 못한 것은 내가 날것을 너무 좋아했기 때문이다

나이는 불맛을 안다
경륜은 술맛도 안다
황혼의 고뇌는 불타박이 전부가 아니다
아직도
아직도
깨지 못한 자아의 슬픔이다

🕊 마취가 풀리니

유체이탈이다
육肉을 버리니 고요하고 자유하다
본능을 재우니 망망대해 순항이다
중력이 없다
부력도 없다
내가 없고
너도 없다
문도 없고 답도 없는 백지 시험지이다
해도 없고 달도 없어 천지창조 前이다
맑음이란 이런 것인가

약물이 내어주는
허구의 허구이다
마취란 動에서 靜으로의 이동이다
가는 줄을 타고 흐르는 생사
벼랑에 걸린 한 가닥의 바람
선에 묶여있는 나
침에 꽂혀있는 삶
몽롱해서
무통하다
×2024, 3, 15 사랑의 병원에서

봄은 동사動詞이다

어제는 바람이 나무와 첫날밤을 사르더니
오늘은 꽃밭에 바람의 살 냄새가 진동한다
나무의 情人은 난봉꾼이다
꽃들의 아비도 바람꾼이다
달이 뜨면 바람은 누구의 속살이 될 것이다
날이 새면 꽃밭엔 봄날의 절정이 필 것이다
모두가 바람의 고리이고 누구나 바람의 자식이다
바람이 발기하니
세상이 발아한다
자아의 발산이고 생성의 혼이다
침묵의 반란이고
정체의 이동이다
춘몽의 허구를 삼키는 자가 인간이라면
춘설의 고통을 이겨낸 자가 싹눈이리라
봄에는 홀아비도 임신을 한다
봄에는 돌부처도 가슴이 뛴다
춘정春情은 바람의 색정이 아니다
춘정은 내 안의 간헐적 온천수이다
내 안의 잠재적
동사이다

반올림

10을 3등분 하려 하니 3,33333........이고
5를 3등분 하려니 1,66666666........이다

반복이 소수점에 묶여있다
번복이 숫자판을 희롱한다
반올림이 아니면 풀어낼 수 없는 값이다
반내림이 아니면 건져낼 수 없는 길이다
누구나 반올림에 흡족하고
나도 반내림에는 인색하다
덜어낼수록 더 해지는 반올림의 괴리
수시로 웃기고 울리는 셈법의 이중성
군더더기를 더 사랑하는 나의 삶은 소수점의 우롱인가
부스러기에 목숨을 거는 나의 삶은 소유욕의 모반인가
소수점 이하를 털어냈으면 주막집의 외상값이 밀리지
않았을 것이다
반올림공식을 적용했으면 노을빛 황혼의 고뇌를
하지 않았을 것이다
흑 돌한테 몇 수 잃어주었더라면 바둑의 반란을
잠재울 수 있었을 것이다
백 돌한테 한 수 물러주었더라면 속셈의 변칙을
경계할 수 있었을 것이다

높이에 연연하다 보니 그늘 없는 나무를 만들었구나
그늘에 연연하다 보니 쓸모없는 가지를 키웠었구나
소수점이 분기점이다
소수점이 갈림길이다
오늘도 나는 소수점을 짊어지고 앞산을 오른다
지금도 나는 표지판을 못 찾아서 삶이 미아이다
명치끝에다 소수점을 찍은 나는
바람의
셈법을
모른다

아카시아꽃이 피던 밤에

視의
極이다
어디까지가 시의 한계일까
어디까지가 극의 시한일까
가시나무가 흰 살을 토해내는 과정이 아름답다
가시밭에서 피어나는 백화의 절정이 순수하다
나의 처세는 돌무덤 속의 환상이고
나의 웃음은 꽃무덤 속의 시신이다
오늘밤 눈부심이 속인 가시와의 슬픈 동거를 보았다
이제야 화려함이 감춘 꽃잎 속의 아픈 웃음도 보았다
바람이 나무를 흔드니
순백의 혼들이 춤춘다
군무이다
굿 잔치다
가시에 찔리면서 건지는
혼굿이다
바람에 흔들리며 사르는
혼굿이다

처음의 소리

무언이 귀청을 파고드니
유심이 무음에 휩쓸린다
잠결에도 잊지 못했던 초심이 꿈틀거린다
길들이지 못한 내 안의 것들이 수그러진다
처음은 마음의 바탕이요
첫눈은 고요한 모반이다
나는 장터에다 깃발을 세우는 싸움꾼이었다
나는 점수 타령에 이골난 꼴찌 수험생이었다
백야의 소리를 듣지 못하면서
눈꽃을 따려하는 섣부른 자학
視가 거짓말을 한다
聽이 도둑질을 한다
하늘과 인간이 하나가 되어야 싸움이 끝날 것이다
바람과 생존이 분리되어야만 풍파가 끝날 것이다
소복소복 눈 내리는 소리가 풍금을 울린다
건반에 밟히는 천계天戒의
밀음密音
이다

絶 歌

홀로서기였고
보릿고개였다
바람 치면 처마를 붙잡고 누가 울었다
달이 지면 자신을 붙들고 누가 울었다
그분의 고독은 나의 살이 되었고
그분의 연단은 나의 뼈가 되었다
얼마나 더 생존하실지 몰라서 아프다
얼마나 더 기억하실지 몰라서 아프다
썰물의 애틋함을
황혼에 불러본다
노을이 짙은 서쪽 하늘 끝에 비구름이 비껴간다
은하수 건너 언덕 위로 하얀 흰 구름이 흘러간다
가슴이 무너지는 소리가 곡曲인가
가슴을 다스리는 소리가 조調인가
끊어질 듯
이어지는
어머님의 노을빛

수만 가닥의
붉은 곡조
이
다
어머님
어머님

봄 봄

봄은 나에게 질문을 던진다
봄엔 춘몽이 백발을 속인다
봄은 내 가슴에다 불을 지른 방화범이다
나는 그 불을 훔친 전과자요 피해자이다
생성의 불이 피어오른다
영감의 싹이 솟아오른다
암흑은 면죄 받고 만물이 부활한다
곳곳이 불이다
곳곳이 꿈이다
노년을 현혹한 불꽃의 아름다움
봄밤을 사르는 춘몽의 운우지정
봄 불은 희열이고
봄 불은 갈증이다
꿈은 생활의 통증을 덜어준다
봄은 아픈 현실의 대리인이다
삐긋이 열려있는 봄밤의 문 창살 안에는 무엇이 있을까
환부를 지지는 구슬픈 매조의 가락이 노년의 몽환인가
환상이란 몽롱해서 기대치의 반란이다
봄 불이다

아침

어둠을 논죄해서 아침이 있다
어제를 정죄해서 아침이 있다
마르지 않을 수맥이 나의 사막으로 흘러든다
부드러운 힘이 수레를 돌리고 타성을 깨운다
아침은 세상의 탯줄이고
아침은 시작의 산실이다
생활의 갈증이고
생존의 갈등이라
오늘 하루 숲속에서는 칡뿌리가 등나무랑 흥정할 것이다
오늘 하루 몸속에서는 고깃덩이의 살 사랑이
익을 것이다
아침은 자기의 삶을 신봉하는 자의 십자가이다
아침은 자신의 불을 사랑하는 자의 용광로이다
아침은 창세기의 첫 장이다
아침은 계시록의 함수이다
긍정으로
존재
한다

생각은

내 삶의 설계사이고 건널목이다
내 생활의 지배자이고 이기주의자이다
내 생계의 솜사탕이고 기회주의자이다
상상의 난봉꾼이고 오욕의 빨래터이다
상생의 지렛대이고 존재의 구심점이다
생각은 두뇌에서 사는 념체이고 마음은
가슴에서 사는 영체이다
생각은 바닥과 정수리를 오르내리면서 수시로
마음을 낚시한다
유불리에 약한 생각의 구조
그 생각한테 친화적인 마음
념과 영을 끌어안고 가는 나의 생활은 복선인가
일방통행인가
염력과 동력의 어느 한쪽에 치우치지 않으려
평행선을 밟는다
칠순의 갈등이고
황혼의 고뇌이다
나는 내 생각의 조형이고
삶은 내 생각의 변수이다

두레박의 갈증은 밑 빠진 우물의 이간질일까
불나비의 노욕은 노을이 호도한 빛의 값일까
생각의 이간질이다
고뇌의 반간계이다
노년에는
생각의 빈곤이 부끄러운 비만이다

❧백목련 아래서

절제가 흔들리니 의심이다
의심이 흩어지니 고요하다
정靜과 동動의 동상
흑黑과 백白의 이몽
두 놈을 끌어안고 나를 저울에 올린다
한 놈을 떼어내려 나를 꽃잎에 비춘다
기울지 않으려는 발돋움은 반추의 회초리인지
섞이지 않으려는 안간힘은 자책의 변용술인지
수십 년 뼛속에 얼룩진 상인의 생리가 꽃이 아니었구나
칠십 살 가슴에 축적한 이기의 족적이 답이 아니었구나
나를 초월하지 못하는 내 안의 담장
나를 떼어내지 못하는 육肉의 풋정
해묵은 아파트 백목련 아래서 視의 경전을 읽으며
설익은 춘삼월 바람이 울리는 白의 타종을 듣는다
순백은 가슴의 보루인가 망루인가
순리는 생활의 순종인가 굴종인가
백목련은
初我이다

봄

봄은 어디서 오는 누구인가
상상의 구름이요
청춘의 초원이다
바람의 향연이요
생성의 잔치이요
음양의 산실이다
봄은 겨울밤에 피었던 눈꽃의 정령이고
얼음장을 덮고서 꾸었던 꿈의 정령이다
연계선을 타고 이어지는 생명들
잠재가 발아하니 삶의 궤도이다
해의 長考이고
달의 單孤이다
한밤중 산새의 울음은 이른 봄의 서곡인가
지나는 바람의 관음은 피는 꽃의 술래인가
모두가 해의 살이다
누구나 달의 물이다
물과 물이 동백의 사랑가를 부른다
살과 살이 서로의 단물을 갈구한다
섞이면서 무늬를 발산하고
섞으면서 궁극으로 향한다
봄은 영념靈念의 동침이다

바람의 몫이다

나의 높이는 하늘이 아니다
나의 넓이도 바다가 아니다
나의 산은 어깨동무요 나의 들은 마당놀이다
고뇌가 자유를 박탈하면 바람의 군더더기를
털어내려 춤을 춘다
생활이 초아를 우롱하면 바람은 방패막이로
회초리를 내려친다
얼굴은 내 마음의 형상이지만 나는 정작 바람의
조형이다
생활은 내 의식의 항해이지만 삶은 실로
바람의 농간이다
어부지리로 삶을 줍지 말고 고뇌로 품값을
흥정하지 말라
인위적 부화가 병아리의 슬픔이다
후천적 개화가 꽃망울의 아픔이다
어미닭한테 맡겨두라
다산多算이 비극이다
섬을 돌아서 흘러가는 돛단배도 있고
산을 넘어서 역류하는 물줄기도 있다

행선지는 돛이 알고 있다
귀착지는 달이 보고 있다
세상은
바람의
몫이다

벚꽃이 지던 날

꽃은 가로와 세로가 이룬 화해의 이름이다
꽃은 높이와 바닥이 세운 수평의 형상이다
세상에 혼이 없이 피는 꽃은 없다
그러나 혼을 잃고 사는 삶은 있다
봄의 영혼은 개화이고
봄의 존재는 생성이다
바람의 숨결이요
시간의 물결이다
꽃을 보면서도 바람을 모르는 칠십 살의 우심
꽃을 따면서도 사람을 모르는 칠십 년의 우보
돌풍에 꽃잎이 바람처럼 흩어진다
바람의 풋살이 제자리로 돌아간다
이합집산이다
동병상련이다
개화는 만남의 만찬장이요
낙화는 윤회의 간이역이다
노년의 가슴속에
기차표가 쌓인다

土 山

아버지의 무덤은 썩지 않는 슬픔이다
아버지의 봉분은 넘지 못할 토산이다
들여다보니 비어있고
올려다보니 토산이다
덧셈이 생활의 무덤이고
곱셈이 칠순의 봉분이다
그 방을 들여다보니 살아있는 내 무덤속이 보인다
그 속을 들추어보면 떠다니는 내 부유물이 보인다
무덤은 침실일까
봉분은 산실일까
무의식은 살아있는 나의 무덤이다
깨우침은 죽어가는 자의 산실이다
분진이 모여서 토산을 이루고
토산은 다시 먼지로 흩어진다
반복과
번복이
생멸의 경전이다

바닷가에서

하루살이에 지친 사내가
　절충의 바다에다 낚싯바늘을 던지며

　　- 바닷가에서 중에서

바닷가에서

반은 당기고 반은 밀어내는 바다
반은 숨기고 반은 드러내는 바다
감추려고 흔들리고
흔들리며 드러난다
바다의 계율이다
세상의 공식이다
바다에는 스스로 조율하는 힘이 있다
뱃사공도 스스로 적응하는 길을 안다
밤바다의 주인은 누구일까 등대일까 어둠일까
밤 항구의 불빛은 무엇일까 방황일까 불황일까
바다를 흔드는 해일은 어디서 나오고
파도를 잠재우는 힘은 어디서 나올까
바람의 분노가 아니다
시간의 절제도 아니다
밀물과 썰물의 통정이고 바람과 파도의 야합이다
언어와 행동의 야합이고 소리와 소리의 충돌이다
하루살이에 지친 사내가
절충의 바다에다 낚싯바늘을 던지며
공생의
명분을
묻는다

거울 앞에서

그동안 행세한 놈이 낡은 양복이었구나
뒷산에다 불 처지른 놈도 빵모자였구나
동네 7080 라이브에서 마이크 잡고 우쭐대던 놈도
선술집 외상술값 떼먹은 놈도 저 두 녀석이었다
내게 돌아가려고 주민등록증을 다시 발급받았으나
내가 아니구나
나를 변제하려고 그 전날의 외상장부를 들추었으나
색이 낡았구나
거울 속은 우직하고
거울 밖은 교활하다

한 몸에 비치는
두 몸짓이
오늘
이다

낡은 책을 펼치니

인적이 끊기니 잡초가 무성하다
관심이 죽으니 잠언의 무덤이다
時의 무위도식이고
文의 직무유기이다
저 낡은 책이 한때는 나를 찾아가는 문이었다
저 묵은 글이 한때는 나도 상상속의 바다였다
바다에다 등댓불을 밝히기도 했고
열정에다 이정표를 세우기도 했다
의심의 항구이었고
믿음의 심장이었다
불가마이고
냉천수였다
고서古書의 잠언은
우직해서
올곧아서
환골탈태하지 못해서
기문둔갑하지 못해서
현대의
술래이다

도마뱀의 辯

한 치 밖에 남지 않은 꼬리
한 겹 밖에 남지 않은 거죽
살기 위해서 제 꼬리를 잘라야 한다
살기 위해서 제 껍질을 벗겨야 한다
늙은 도마뱀의 절대 생존전략이다
창자의 죄를 뒤집어쓰고 잘려나가는 꼬리
속살의 죄를 뒤집어쓰고 벗겨나가는 허물
살 속에 꿈틀대는 생존의 본능
배 밑에 숨어있는 사족의 괴리
날마다 술로 치료했지만 이미 살덩이로 굳어버린 독
밤마다 달을 찾아 횡횡했지만 구름 속에 묻혀버린 달
몸통을 잘라내는 고통이 살덩이의 죗값인가
맨살을 도려내는 칼끝이 칠십 살의 주술인가
파도가 아프구나
바람이 시리구나

어젯밤 퇴근길에 손목이 골절을 입었다
하얀 붕대 속에 숨은 내 삶의 노동자여
부러진 손을 끌어안고
뱀의 꼬리를 잘라낸다

산정에서-

구름을 비껴서니
혈연과 지연에 묶인 곳이 보인다
우연과 필연이 섞인 곳이 보인다
사랑과 미움이 공존하는 저곳은 바람의 땅이다
의심과 믿음이 반목하는 저곳은 외설의 입이다
내가 살아가는 속세이다
저곳은 인간의 마을이다
각기 다른 생활을 영위하지만 멀리서 보니 하나이다
각각 다른 생각을 품고 살지만 내려다보니 ㅈㄷ이다
인간의 고향은 울타리 안에 있다
사람들 속에 인간의 심장이 있다
마을은 이웃에다 뿌리를 내리는 삶이다
동네는 똑같은 두레박을 쓰는 우물이다
그 물은 생명이고
그 물은 우주이다
산을 찾는 이유는 이전투구가 두려워서이다
강을 도는 까닭은 도시가 인위적이어서이다
운석의 반란이고
사회성 결핍이다

바다 한가운데서

돛은 말라붙고
닻은 녹슬었다
배를 띄우지 못하는 바다
노를 휘젓지 못하는 생활
사막화되어가는 바다를 무엇으로 채울까
퇴적화되어가는 생각을 무엇으로 깨울까
공상으로 채우자니 밤이 하염없다
빗방울로 메꾸자니 삶이 가뭄이다
해갈의 묘수는 무엇일까
갈증의 원인은 무엇일까
불황탓이 아니다
시대탓도 아니다
지금껏 살아온 내 삶의 자양분은 짠물이다
불황을 이겨낸 내 힘의 자양분은 인내이다
짠물이 굳으면 소금이 맺힌다
보리가 익으면 춘궁은 지난다
목이 타들어 가는 물새야
울어라
울어야
풀
린
다

問答

너 없이는 나는 문問을 열 수 없고
나 없이는 너도 답答을 풀 수 없다
너는 나의 앞면이고
나는 너의 뒷면이다
양과 음의 동침이다
문과 답의 혼숙이다
출산의 기대가 꿈인가 사육의 고뇌가 삶인가
부비면서 너를 사르고 도려내며 나를 버린다
묻지말라
묻지말라
삶은 삶을 모른다
나도 나를 모른다
낮에는 사자 발톱을 세우고 밤이면 도마뱀
꼬리를 자른다
낮에는 돛단배를 띄우고 밤에는 그 바다를 다시 메꾼다
내 삶의 생리인가
내 삶의 궁리인가
나를 가린 것은 나의 망막이었고
나를 흔든 것도 나의 반쪽이었다

마음은 안에 있었고
육신은 밖에 있었다
문問인지
답쏨인지

나

나를 업신여기지 말고 나를 홀대하지도 말라
내게 충동질하지 말고 내게 이간질하지 말라
내게 분노하지 말라
내게 아부하지 말라
나는 존엄하다
내가 우주이다
바쁘다는 이유로 그동안 나에게 소홀했다
고프다는 이유로 한동안 자존을 학대했다
거센 물살을 해치다 보니 이름 곳곳이 흠집투성이고
종횡무진했더니 일기장은 구석구석이 낙서투성이다
그동안 나를 아껴주지 못했던 것은 나를 누르는
무게 때문이다
그동안 나를 존중하지 않았던 것은 내가 매달린
벼랑 때문이다
가장 노릇도 못하면서 세상의 고뇌를 짊어졌구나
장남행세도 못하면서 형제의 머리를 차지했구나
나를 놓아주고 싶다
나를 떼어내고 싶다

해그림자에 흔들리고 싶지 않다
달그림자에 춤추고 싶지도 않다
술이 깨면
나는 다시 나에게 묶인다

線

거미는 줄을 배설해야 살 수 있다
거미는 덫을 설치해야 살 수 있다
줄의 음모이고
덫의 공모이다
거미는 최고의 춤꾼이다 그 춤은 절묘한 한 수다
캄캄한 어둠도 달빛은 가릴 수가 없고
촘촘한 그물도 바람은 막을 수가 없다
자신을 기망하기에는 어둠처럼 편한 게 없다
양심을 기망하기에는 가식만큼 쉬운 게 없다
자신의 속살을 다시 덫을 만드는데 소진한다
보상받은 실리를 다시 춤 놀이에 쏟아붓는다
그 線은 자기감옥이다
그 줄은 자기기망이다
괴리이고
正道이다
누에는 선을 뽑아서 집을 짓고
거미는 선을 팔아서 삶을 산다
삶이 유죄이냐
춤이 유죄이냐

횡선과 종선이 겹쳐서 삶은 복선이다
좌우와 상하가 쌓이니 삶은 복층이다
목구멍이다

보름달을 보며

몸을 삭혀서 술이 되는 여인
육을 버리고 빛이 되는 여인
오늘밤은 그녀가 술독을 깨트리는 날이다
항아리를 부수고 나오는 환각의 부화이다
동그라미의 환상에 나는 무너진다
술 항아리의 관능에 내가 엎어진다
술값으로 우롱하지 말라, 동그라미의 착시이다
달값으로 흥정하지 말라, 반사체의 처세술이다
내일새벽이면 주독에 찌든 天空의 어리석음을 볼 것이다
내일아침이면 술독에 빠진 허공의 비틀거림을 볼 것이다
작부의 치마폭에서 허벅지가 익는다
동그라미의 주술에 실타래가 풀린다
가시의 속임수이다
시차의 역용술이다
무흠의 저 달은 해의 분장이다
무결한 저 圓은 빛의 기교이다

대보름달은
오르가즘을 훔치는
해의
관음이다

흙의 손목을 잡고

아픈 아내의 손목을 잡고 밤길을 걷는다
이토록 따스함은 어디서 오는지
이토록 포근함이 부부의 정인가
흐르는 흙의 실핏줄에
서로를 찾는 애틋함은
우리의 근본이 논두렁의 흙이기 때문이다
우리의 나이가 해바라기 삶이기 때문이다
단 것도 흙이고 쓴 것도 흙이다
미움도 흙이고 어여쁨도 흙이다
내가 밟은 것도 흙이고
내가 묻힐 곳도 흙이다
生도 흙의 조물이고 滅도 흙의 변이이다
삶도 흙의 탈춤이고 情도 흙의 온도이다
흙 속의 구멍을 들락거리는 바람이 오늘의 호흡이다
탐욕의 먹이가 되어버리는 육신이 내일의 흙덩이다
흙의 소산으로 주린 배를 불리지만
우리
또한
자연의 원소이고
바람의 분자이다

뻐꾸기 소리에

한밤중 뻐꾸기가 운다
포란의 행복을 상실한 고통이 새를 울린다
양육의 五味를 져버린 슬픔이 새를 울린다
탁란의 형벌인가
기망의 정죄인가
자학을 끌어안은 고독과의 동거는 변칙의 득得인가
난제를 풀어가는 철학과의 충돌은 반칙의 실失인가
자연의 직무유기요 본능적인 타성이다
비秘와 밀密의 태생적인 유착거래이다
의탁은 自를 불신하는 자기 기망이요
탁란은 他를 부정하는 자기 유린이다
自와 他는 무엇이 다른가
흑과 백은 무엇이 다른가
유기적 결여인가
태생적 한계인가
한밤중 새끼를 부르는 뻐꾸기울음
염불 소리다
타종 소리다
설익은 칠순이 합장을 한다

어시장에서

좌판과 좌판 사이에는 비좁은 길이 있다
거래와 거래 사이에도 협착한 문이 있다
그 길은 나의 문이고
그 문은 나의 답이다
도출하려는 것이 상생인지
산출해내는 것이 이기인지
꿈의 항아리이고
삶의 연계선이다
시장은 자기를 사는 곳이다
생활은 자신을 파는 터이다
미지수요
함수이다
이 바닥에서는 누구나 만삭을 끌어안고 해산을 꿈꾼다
이 거리에서는 누구나 바다를 끌어안고 출항을 꿈꾼다
끌어안은 것이 자기 무게일 것이다
도출하는 것이 자기 부피일 것이다

이력履歷

흔들림이 나의 이력이다
퇴색하는 色이 경륜이다
수평을 잃은 나는 기울은 축이다
반쪽을 축낸 나는 외색의 무늬다
깊이를 모른다
누군지 모른다
정을 샀던 곳이 주막이었구나
정을 팔았던 곳이 장터였구나
칠십 년을 터득한 정이란 나의 무엇인가
칠십 살을 희롱한 정이란 나의 누구이냐
비가 오면 비를 맞으라 우산에 기대지를 말라
눈이 오면 눈을 맞으라 속살을 기망하지 말라
많은 정을 팔아야 백발을 살 수 있다
깊은 정을 묻어야 노을을 볼 수 있다
어제는 참새 몇 마리 쫓았다고 술사 발을 삼키더니
오늘은 알곡 몇 가마 지켰다고 너스레를 떠는구나
참새가 나의 색신이고
알곡이 육의 혼돈이다

상현달과 하현달을 번갈아 보냈더니
두견새와 뻐꾸기가 밤마다 우는구나
이합집산이 경력이고
이전투구가 족보이다

🐌 칠월칠석에

아내의 환부가 우리의 오작교인가
서로의 백발이 오늘의 은하수인가
은하를 메꾸었던 돌들은 희로애락의 술래였을까
은하에 묻어버린 확신은 일희일비의 물레였을까
수장시킨 바윗돌이 별이었구나
흩어지는 족적들이 길이었구나
가슴에서 구르던 돌들이 칠순의 교각이 되었구나
안개처럼 흐르는 회한이 노년의 부교가 되는구나
二老一生이냐
二生不二이냐
까마귀야 저 무결한 은하에다 돌을 던지지 말라
까치들아 저 쓰디쓴 철학에다 매를 때리지 말라
업혀 가면서도 나를 모른다
얹혀살면서도 삶을 모른다
밤마다 칠순의 가위에 눌리는 나는
내가 만든 굴절과 반사의 기망을
찬란한
별이라
믿는다

이질의 동반이

바람이 없다면 앞산은 나무 그늘에 가려버린다
구름이 없다면 하늘은 단조로움에 빠져버린다
거리에 외침이 없다면 소금기 없는 바다이다
밤하늘은 별이 있어서 달이 독식하지 못한다
조화의 미는 비 오는 날이 있어서이고
화목한 날은 서투른 밤이 많아서이다
눈비가 달력을 채우고
미숙이 인간을 기른다
바람은 수시로 나무를 흔들고
나무는 울면서 기둥을 세운다
뼈 하나 세우려고 살덩이를 붙이는 사람
돌팔매 우쭐대다 창문을 깨버리는 바보
시대의 진통은 수맥을 찾아가는 사막이다
오늘의 구호는 시대를 진단하는 아픔이다
보이는 것이 눈을 가린다
들리는 것이 귀를 속인다
을의 아픔이 소리이다
갑의 슬픔이 갑질이다
세상사
앞면이 뒷면이고
뒷면이 양면이다
이질異質의 동반이 사회이다

靜中動

가감이 없어서 처음이고
섞임이 없어서 순수인가
첫눈은 무음의 언어이고 하늘의 전언이다
첫눈은 순백의 동사이고 자연의 묵시이다
숨을 곳이 없고
감출 것도 없다
고요의 숲이요
반추의 강이다
그 숲이 어제의 나를 되살리고 그 강이 지금의 나로 흘러간다
그 숲에는 회로의 기능이 있고 그 강에는 회귀의 본능이 있다
질주의 하수인이 되어버린 생활의 면면
회전의 관성에서 탈출하지 못하는 나는
역살이 있어서 바람의 미아이다
거품이 많아서 항구의 고아이다
천지에 순백의 밀물이 밀려든다
가슴속 원시가 처음을 찾아간다

나를 선동하지도 말고
나와 뇌동하지도 말자
첫눈은
靜
中
動
이
다

커피를 마시며

커피는 흙의 변이이고
커피는 흙의 발현이다
바람의 향수이고 눈비의 수액이다
시공의 결정이고 혀끝의 우주이다
잔 속에서 반달이 우러나니 가슴으로 묵향이 은은하다
그 맛은 흙의 깊이이고 그 향은 불의 방술이다
커피는 흙의 조화이고
향기는 불의 조율이다
자연의 소리가 들리니 영혼이 갈증을 푼다
입술과 찻잔이 화목하니
만남과 시간의 고리이다

찻잔을 두고 마주 앉은 사이로 강이 흐른다
나룻배를 타고 강은 서로의 부두를 묻는다

한밤중의 달

달은 멀리 있는데 왜 내 안이 허할까
달이 멀리 뵈는데 왜 내 눈이 시릴까
許의 간격인가
空의 거리인가
쌍 토끼들만 찾고 달을 보지 않은 탓이다
계수나무만 보고 달을 알지 못한 탓이다
빛을 사려고 해서 달을 보지 못한다
등을 가지려 해서 등을 보지 못한다
숨소리가 들린다 달의 전음이다
그림자가 보인다 빛의 묵언이다
그 소리는 고요의 살이다
그 소리는 고요한 종이다
여운이 아픈 것은 달빛이 뭇시선의 동경이기 때문이다
달빛이 시린 것은 달빛이 국화의 발원지이기 때문이다
굴리지 못하는 내 안의 굴렁쇠
동그라미의 족쇄를 끊어내려고 달을 그리워하지만
달은 이미 圓을 벗어난 허공의 미아이다

호구지책

線위의 은둔
線속의 매복
누구나 생각이 자기의 거미줄이다
누구나 먹이가 자신의 올가미이다
육식을 즐기는 거미는 타他의 살코기로 거미줄을 만든다
그 줄은 통통한 꽁무니가 배설해내는 생식의 찌꺼기이다
그 선은 살과 뼈의 용해이고 肉과 慾의 혼합이다
다른 자의 방심에 의존하는 철학의 괴리
다른 이의 실수로 연명하는 생존의 묘수
바람에다 덫을 치고 사는 자의 생존방식이다
달랑 맨몸뚱이 하나 가진 놈의 호구지책이다
그의 은둔은 자기기망이요 그의 그물은 자기 절망이다
그러나 삶의 생리이다
그것이 삶의 현실이다
그의 독살스런 거미줄은 세상과의 조우이고 교차로이다
그의 사악한 호구지책은 자기와의 반목이고 필요악이다
약육강식을 철학이라 신봉하는
자기 사랑에 길들여진 아집덩이
천길 벼랑에서 곱사춤을 추는 곡예사가
어찌 거미뿐이랴

가을 들판에서

가을은 희로애락의 결정이고
　　수확은 고진감래의 확신이다

　　- 가을 들판에서 중에서

가을 들판에서

젖 냄새가 진동한다
살 냄새가 진동한다
유두가 부풀어 오르고 둔부가 춤춘다
농익은 중년의 여인이 교태를 부린다
해가 꿈틀대고
불이 일렁이니
웃가슴에서는 오행이 익어가고
치마폭에는 보름달이 차오른다
하늘과 밀애 중이다
시간과 동침 중이다
가을은 희로애락의 결정이고
수확은 고진감래의 확신이다
지금 자연은 임신 중이다
지금 바람은 숙성 중이다
여인이 가장 아름다울 때가 출산과정이다
그 출산은 다음 세대를 창출하는 역사이다
이삭의 덕행은
스스로
고개를
숙일 때이다

고독과 외로움 사이에서

스스로 외로움을 택하고 즐기는 나
밤마다 고독으로 나를 학대하는 나
태생적인지 후천적인지
습성인지 변태인지
같은 살을 품고서 둘로 나뉘는 내 안의 두 존재
같은 길을 걸으며 두 길로 나뉘는 노년의 행보
홀로서기의 세간살이다
어깨동무의 시집살이다
곁에 두고서도 나를 찾는 나는 내가 누군지
몰라서 혼자다
함께 살면서도 나를 찾는 나는 내가 누군지
알아서 외롭다
뼈다귀에 붙어있는 살덩이의 고독이요
살덩이를 후려치는 석양녘의 파고이다
태생의 바다를 떠도는 나룻배이고
독주로 속성을 채우는 무인도이다
술은
몽롱한 天刑이다

낙엽

귀로歸路이다
풍장風葬이다
단풍은 눈비의 절충이고
낙엽은 생멸의 현신이다
해의 대계이다
달의 물리이다
처음부터 색色은 없었다 念이 색을 입었을뿐이다
애초부터 시視도 없었다 視가 心을 가렸을뿐이다
보이는 사물은 거품이다
생멸도 구름의 족적이다
바람 치던 날도 지나면 고요하다
벼락 치던 밤도 그치니 고요하다
단풍은 념체念體이고
낙엽은 낙체落體이다
무엇이나
누구든지
動에서
靜으로
歸한다

낮달이 시소를 탄다

양쪽은 좌우가 아닌 옆이요 높이는 고저가 아닌 축이다
수평이 기울면 경사가 되고 넓이가 기울면 벼랑이 된다
시소는 편 가르기가 아니다
시소는 정치 선동도 아니다
끌어내리고 올라서려는 시소의 본능
주저앉히고 눌러버리는 외력의 충돌
세상의 중심은 중용이고 바람의 중심은 관조이다
치우치니까 미끄럽고 지나치니까 흔들린다
시소는 평행의 구도이다
시소는 외다리 조율이다
일본 방류수 때문에 해는 발목이 부러지고
가슴에서는 의심이 번식하고
선동 구호 때문에 귀에서는 피고름이 나고
빈 달구지가 혼자서 굴러가는
하루
하루
불경기에 설익은 달이 거리로 쏟아진다
낮달이
시소를 탄다

거울은 나의 무덤이다

비치는 것은 허울이고 보이는 것도 이단이다
보이는 저 형상 뒤에 누가 숨어있다
비치는 저 반사 속에 누가 죽어간다
숨어있는 나를 나도 모른다
죽어가는 나를 나도 모른다
視로 숨은 것인지
視가 숨긴 것인지
나를 이겨야 보이는 나
나를 죽여야 보이는 나
나를 죽이지 않고서는 나는 살아날 수가 없다
나를 이기지 않고서는 나는 일어설 수가 없다
닦아도 다시 어질어지는 거울
분칠해도 다시 드러나는 속살
거울 뒤로 숨지 말라
자기 뒤로 숨지 말라
거울은
살아가는 자의 무덤이다

가을산에서

절정은 달아오르는데 가슴이 시퍼렇다
정점은 끓어오르는데 시침이 식어간다
여름을 염하지도 못했는데
갈잎이 소복을 갈아입는다
도토리의 나신이 뒹구니 청설모가 시신을 탐한다
뭉게구름이 멀리 떠가니 하늬바람이 색을 토한다
모두가 미완인데 접어야 한다
모두가 미숙한데 보내야 한다
유정의 아픔인가
무정한 절연인가
밀물의 거품인가
썰물의 흔적인가
가을의 정령은 단풍이다
단풍의 속살은 바람이다
익어가는 불 속의 차디찬 고독이 가을이다
식어가는 불과의 절박한 동거가 단풍이다
뿌리에 연연하는 오늘과
지엽에 묶여있는 생활은
아침은 소풍이고
저녁은 단풍이다

낚시터에서

휴일이다
스승께서 낚시하자고 한다
오늘의 교과는 기다림이다
찌의 동향을 감시하다가 찌의 감동에 전율한다
미끼와 밀애하고 시간과 외유한다
돌아보니
시간은 나의 스승이다 문제도 답도 시간 속에 있었다
시간은 나의 구속이다 자유도 철책도 시계추에 있다
시간은 나의 강물이다 밤을 새운 고뇌가 부유물이다
시간은 나의 연인이다 한때는 웃었고 한때는 울었다
해도 시간의 종속이고 달도 시간의 농간이다
눈도 시간의 형상이고 비도 시간의 뒤태이다
가슴의 밀물도 시간의 동향이고 생활의 썰물도
달력의 거품이다
백발이라 자랑하지 말라, 사람은 죽는 날까지 학생이다
칠순이라 말하지 말라, 세월만큼 나를 아는 자가 없다
한평생 시간을 낚시질했으나
바구니에는 바람만 가득하다
시간의 훈계가 아프고 스승의 훈수가 아쉽다
스승만 한 제자가 없듯
시간만 한 스승도 없다

묵향이다

노동은 반달의 기대치이고
노동은 생활의 발돋움이다
먹이에 연연해서 삶은 사육된다
색깔에 연연해서 눈이 색맹이다
불을 지키기 위해서 노년의 밤은 꺼지지 않고
뼈를 세우기 위해서 노년의 불은 죽지 않는다
얼음은 녹으면서 봄을 불러오고
밤길은 밟히면서 아침을 세운다
작금의 작은 불씨가 산불을 지르고 바다로
길을 낼 것이다
붓과 먹이 화선지를 채우고 노년의 그림을
그려줄 것이다
노년의 몽상이 자투리땅을 옥토로 만들어줄 것이다
저녁 바람이 언제인가는 구름의 살을 벗겨낼 것이다
나이는 무늬가 아니다
채색도 아니다
자아와
아집의
묵향墨香이다

바람인가 시간인가

바람만큼 나를 아는 자가 없다
시간만큼 나를 속인 자도 없다
묵은 가지를 부러뜨린 자도 바람이었고
푸른 이파리를 훔쳐간 자도 시간이었다
단풍을 입혀준 자도 바람이었고
낙엽을 애도한 자도 시간이었다
바람이 불어오는 곳을 모른다
시간이 흘러가는 곳을 모른다
시간과 동행하는 바람의 속성이 흐름인가
수난과 변화를 동반하는 자연의 요구인가
바람도 시간도 관념이다
흐름도 변화도 관능이다
마음이 고요하지 못해서 바람이 보인다
기둥이 흔들려서 죄다 바람으로 보인다
바람이 보이지 않아야
비로소 시간이 보인다
백발白髮은
소리
없이

홍시

누가 그림자 밭에서 달빛을 솎아내고 있다
누가 비바람 속에서 고요를 골라내고 있다
바람의 붉은 살을 걸치고
시간의 먼 허공을 가른다
빛에 취하니 더 붉고 파란곡절도 익으니 달달하다
색을 입어서 더 곱고 다사다난도 지나니 달콤하다
홍시는 시간의 육제肉祭인가 구도의 묵행黙行인가
나무가 기른 심성의 과육인가
가지가 숨긴 내성의 결정인가
바람 속의 자기 정진이고
시류 속의 자아성취이다
바람의 풍모이고 무골의 형상이다
순응의 철학이고 바람의 자화이다
해의 복심이고 달의 일심이다
빛의 속살이고 불의 과육이다
홍시는 매정한 바람의 잔혹함을 안다
홍시는 높이와 기대치의 위험도 안다
사람의 원칙은 수시로 부러지지만
바람의 부칙은 공생과 타협이다
홍시는
부드러운 强이다

중추절 바닷가에서

밀물과 썰물은 달의 호흡이다
허공의 달빛은 밤의 관음이다
달은 발광체가 아니다
달은 시간의 과육이다
자연의 변이이고
우주의 심령이다
그러나 마음의 원형이다
그래서 고독한 관능이다
순진한 달을 앞세워서 어둠의 기득권을
무너뜨리는 것은 우주의 농간이다
달을 허공에 걸어놓고서 관능의 축축한
속살을 어루만지는 視의 非行이다
달은 생리를 되풀이하는 천상의 여인이다
달은 윤회를 되풀이하는 인력의 바퀴이다
우주의 관성이고 존재의 원시이다
천계의 밀약이고 무아의 발현이다

그러나 관음증 환자이다
나의 속살을 기웃거린다
품어도 혼자이다
업혀도 홀로이다
달은
허虛의 상像이다

半

본 것이 반이고 들은 것이 반이다
망막의 환시가 아니다
청각의 실수도 아니다
좋아하는 것만 보기 때문이다
걸러낼 것을 모르기 때문이다
色의 포로가 된 나
불의 나방이 된 나
자기 비육에 길들여진 나를 어제는 사랑했고
자기 환영에 끌려가는 내게 오늘은 분노한다
무작위로 나를 쫓아다니는 내 그림자
무작위로 나를 밀어내려는 내 안의 나
풀어낼 수 없는 해몽이어서 오늘이 밀림이다
뿌리칠 수 없는 유혹이어서 오늘이 천국이다
반은 直이고
반은 曲이다
절반은 상실이고
반절은 횡재이다

존재의 반밖에 차지하지 못한 나
화폭의 반밖에 그려내지 못한 삶
無와 有에 묶여
物과 像에 묶인
내 철학의 절반은
괴리이다

🌺 봉숭아야 봉숭아야

끊지 못하는 끈이 혈연인가
품지 못하는 달이 그림인가
봉숭아 환상이다
봉숭아 신앙이다
갈망을 적시는 달빛이 혈연의 강인가
환상에 뛰노는 사슴이 존재의 맥인가
아이야
아이야
사랑스런 너의 손톱을 내밀어다오
손톱까지 너의 뿌리를 빼닮았구나
봉숭아물 들여주마
봉숭아로 감싸주마
내 안에 흐르는 강이 봉숭아 핏물이었구나
노년에 물드는 색이 봉숭아 사랑이었구나
내 안에서 우는 뻐꾸기여
달무리의 서툰 달 사랑아
봉숭아는 붉은데…
저녁놀은 타는데…
아이야
아이야

×손녀들을 기다리며

不 二

노동은 인간의 숙명이고
철학은 노동의 산물이다
나는 나를 사랑해서 노동을 사랑한다
나는 나를 존중해서 노동이 고귀하다
존재의 다리이고
생존의 교각이다
생활의 윤활유이고
근심의 청소부이다
창조의 손이고
질문의 답이다
나한테다 꿈을 팔아서 꽃을 피우는 노동
세상에다 육을 태워서 등을 밝히는 노동
밥그릇 채우려고 노동하는 것이 아니다
바람에 맞서려고 나는 새벽부터 바쁘다
잔칫날에 단술이 될 것이다
제사상에 축문이 될 것이다
나의 굳은살은 육과 혼의 조우이다
나의 백발은 노동으로 피운 꽃이다
생활과
노동은
不二다

사물놀이

해의 뒷면은 빛의 금지구역이다
빛에게는 그림자의 숙명이 있다
빛은 그림자의 어미요 어둠은 달의 산실이다
달은 허공을 떠도는 집시요 천상의 미아이다
태양이 출산한 사생아이고
어둠이 입양한 이단아이다
그래서 달은 내 영혼의 샘물이요 내 삶에 고인 원시이다
그래서 달은 내 갈등의 용해이고 내 안에 고인 침전이다
분출하지 못하는 화산을 잠재우면서
출산하지 못하는 고통을 견뎌내면서
달과 동병상련의 환자가 되고
동상이몽의 길벗이 된다
오늘의 목마름을 무엇이 해갈해줄까
석양의 사막화를 어떻게 저지해볼까
생성과 소멸이 공전 탓일까
아집과 고뇌는 자전 탓일까
사자춤이 버겁다
악어탈이 무겁다

꽹과리를 두들겼더니 손목이 아프다
닳아져 버린 북채마저 아프다고 한다
황혼은
나와의 사물놀이다

섬에서

배가 동력을 잃었다
돛이 바람을 부르지만 그것이 파도인 줄 모른다
바람은
順이고
逆이다
고해의 일진일퇴가
생활인가
생존인가
뭍과 섬의 경계가 오늘이고
섬과 뭍의 다리도 오늘이다
제 몸을 미끼로 바다의 제물이 되어야 하는 삶
심청의 인당수는 심 봉사의 슬픈 자기부정인가
섬은 부서지며 자기 한 계를 인정한다
섬은 물먹으며 자기부상을 추구한다
밀물 썰물의 교란이고
자기공식의 붕괴이다
바다를 메꾸면서 뭍의 환상에 도취하지만
바다가 토해내는 달의 인력에 제압당한다

물거품을 먹고 취하는 섬
피고름이 나는 내 안의 섬
섬은
내 안의 부유물이다

인천어시장에서

내가 사려고 하는 것이 나의 잔이다
빈속을 채우려는 것도 나의 잔이다
목이 타는 갈증은 살 속에 베인 시장의 생리인가
셈에 밝은 타산은 삶 속에 얽힌 생존의 괴리인가
새끼줄에 묶인 굴비는 인간의 이기를 알 것이다
좌판대에 누운 생선은 칠순의 우매를 볼 것이다
새끼줄이 나의 십계명인가
좌판대가 나의 포도청인가
내일의 확신은 오늘의 절대적 군주이다
오늘의 노동은 내일의 절대적 신앙이다
노동의 가치는 성과가 아니다
과정의 애락도 충분한 가치다
장터에서 늙은 가슴에는 소금만 가득하고
젓국에 찌들은 살 속에는 쓴 물이 출렁하다
장터에 들어앉은 삶의 뒤태
호객 소리에 후끈한 시장 풍정
홍어 냄새는
굴비 냄새는
향香인지
취臭인지

가을비

늦가을 빗소리에 뼈마디가 악을 쓴다
퇴행성관절염인지 습관성 엄살증인지
갈색화의 과정이다
사막화의 진행이다
단풍이 부르는 다색의 노래이리라
바람이 스쳐 간 시간의 상흔이리라
영혼의 불구를 끌어안고 곪아버린 육肉
육정의 허탈을 겪으면서 불신하는 욕慾
내상은 침묵이 치료해줄 것이다
외상은 노을이 간호해줄 것이다
풍악은 의식의 충만인가
단풍은 사색의 발효인가
가을비를 품고 시간은 역류의 강이 된다
가을비를 안고 회한은 바람의 살이 된다
울긋불긋하니
多音多聽이다
살이 문드러지는 가을의 문책이 만년의 회초리냐
뼈가 타들어 가는 갈색의 절규가 황혼의 자책이냐
칠순은 역류의 강이다

오아시스

나는 밤마다 밀밭을 배회하는 구름이다
밀을 띄우려 스스로 발열하는 누룩이다
단골 주막에 등을 달면 나는 구름 위의 신선이다
단골 술집에 눈이 오면 나는 맥주잔의 요정이다
밤을 적시는 것은 술이 아니다
취하게 하는 것은 술이 아니다
해의 땟국이다
달의 거품이다
취하니 수직이 무너진다
취하니 곡선이 춤을 춘다
과음은 황혼의 기우인지
몽롱한 만년의 지기인지
노을의 무늬이고
석양의 자학이다
자아에 갇힌 그림자를 석방하려고 감옥문을 부수고 있다
석양의 패배주의를 극복하려 자신에게 염불하고 있다
나의 술은 무지랭이 삶이 횡령해 먹은 고발장이다
나의 술은 온종일 나를 기망했던 바람의 뒤태이다

술은 우군이면서도 반군이다
술은 낙타의 오아시스이지만
교활한
누룩의
음모다

추수절에

추파를 던지던 초승달도 시간의 풋살이 되었고
욕정을 사르던 태양열도 알곡의 속살이 되었다
흙의 도리를 다했으니 만삭이다
자연의 살을 품었으니 만추이다
해와 달이 우렸으니 생명의 뿌리이고
불과 물이 섞였으니 생존의 터전이다
바람의 유복자도 아니고
구름의 사생아도 아니다
가을것들은 바람의 은유이다
가을것들은 시간의 보상이다
정점에서 돌아보니 자연의 묵시이고
줄기에서 벗어나니 탈脫의 자유이다
뿌리에 연연하지 말라
뿌리가 주술이다
줄기에 붙잡히지 말라
줄기도 구속이다

영생의 저주에 묶이지 말라
부활의 미혹에 속지도 말라
죽음을 이기는 것이
묵默
이
다

알곡은 고독한 자아이다

(겨울)

함박눈이 쌓이는 밤에

회한이 눈밭에 번지니
　　검은 어혈이 쏟아진다
　　　　- *함박눈이 쌓이는 밤에 중에서*

함박눈이 쌓이는 밤에

아내의 아픈 어깨 수술치료를 받는 날이다
밖에서는 흰 눈꽃이 소복소복 쌓이고 있다
흰 것은 길조이다
흰 것은 정직하다
서투른 기도로 위로하며 불면의 근심을 추스렸다
인간의 나약함을 보았고 사내의 무력함도 보았다
어젯밤 나는 나의 술래를 보았다
그동안 나는 나의 절반을 울렸다
반쪽을 품어주지 못한 나
절반을 내어주지 못한 나
내 삶의 원동력은 내조의 부축이 있어서이다
내 삶의 지게는 작대기의 부역이 있어서이다
수년 전 내가 투병할 때 밤새워 곁을 지켜준 아내
오늘은 당신이 아픈데 나는 무엇 하나 줄 게 없다
회한이 눈밭에 번지니
검은 어혈이 쏟아진다
肉이 무너지면서 개화하는 것이 백발인가
慾이 줄어들면서 발화하는 게 깨달음인가
함박눈에
묻혀가는
속됨이여

거울의 이중성

선입견이 들어서 있는 거울은 절반의 반사이다
편견이 들어차 있는 반사경은 기울은 저울이다
거울은 수평이고 그곳은 무색이다
심상의 형상이고 시각의 족쇄이다
그 반절은 문이고
그 절반은 답이다
可視의 각도는 심상의 거리이고
反射의 착시는 표절의 괴리이다

유리관 속에서 부딪히는 뼈마디
유리 봉분에서 들려오는 종소리

인간은 자기 반사에 도취하다가 마침내 자기거울에 묻혀버린다
인간은 자기변명에 심취하다가 수시로 자기계율에 묶여버린다
거울은 자기 무덤이다
거울은 자기 반목이다

긍정

나보다 먼저 저만치에 앞서있는 산
나보다 나를 무작위로 믿어주는 산
그 산은 나의 긍정이요
그 산은 나의 철학이다
삶의 확신은 내가 치르는 노동의 산물이다
삶의 고뇌는 내가 건너온 강물의 깊이이다
긍정은 자기부정의 구명줄이고
확신은 자기연민의 회초리이다
몽상은 긍정의 한 수고
가능은 확신의 묘수이다
발상의 문이요
생성의 샘이다
긍정은 신실한 영체이고
부정은 자기의 비수이다
긍정의 생체적 조직에는 나이테가 없다
긍정의 생리적 발동은 무한한 환각이다
노을에다 긍정의 기름을 붓자
그 불꽃이야말로
칠순의
힘이다

넋두리

부유물들이 빛을 차단한다
건져내도 다시금 죄어온다
이제 나는 강이 아니다 나에게 묶인 저수지이다
이제 나는 내가 아니다 불을 팔아버린 숯덩이다
신기루를 쫓다가 소쩍새울음에 잠을 설치기도 했고
달무리에 갇혀서 아카시아꽃이 쏟아지는 줄 몰랐다
짧은 달콤함의 여운이 길고
서툰 그림자의 몸짓도 길다
몸뚱이를 끌어안고 밤길을 걷다가
잿더미를 쓸어 담고 낮달을 묻는다
어둠의 출구는 어디쯤일까
갈망의 항해는 어디까지냐
해가 뜨면 뜨거움이 다시 나의 항구를 달굴 것이다
달이 뜨면 역마살이 몰래 나를 바다로 내몰 것이다
바람 불면 파도가 말해줄 것이다
눈이 오면 처음이 돌아올 것이다
넋두리가
나를
변호
한다

존재의 고향

등대는 깨어있는 의식이다
등대는 고독으로 생존한다
파도 속에다 뿌리를 내려야 했던 섬은 알 것이다
바람 속에서 해당화를 피우는 내력을 알 것이다
절대적 고뇌를 끌어안은 섬은 등대를 그리워하지만 멀리서 바라보아야만 한다
생리적 고독을 절제하는 등대는 섬을 그리워하지만 자기의 파도를 건너야 한다
등대는 바다로 가는 길을 알고 있다
등대는 바다에 빠진 섬을 보고 있다
불빛이 붉은 것은 밤바다가 위험하기 때문이리라
불빛이 우는 것은 일생이 불무덤이기 때문이리라
그 등은 나의 길이요
그 불은 나의 터이다
나의 평안이요
나의 피안이다
가슴으로 흐르는 뜨거운 물길이요
그리움이 흐르는 본향의 강물이다
가슴속의 사리이다
골고다의 언덕이다
어머님
어머님

風葬

날아가는 쪽이 낙엽의 길이냐
흩어지는 것이 俗의 인연이냐
合은 바람의 덫이고 散은 인과의 삯이다
낙화는 바람의 形이고
바람은 소리의 像이다
바람이 세상의 호흡이기 때문이다
바람이 세상의 중심이기 때문이다
이 땅에 숨을 쉬는 모든 것들은 바람의 형상이다
이 밤에 살을 섞는 모든 것들은 바람의 분신이다
바람의 독선이 자연스런 명분으로 포장되니
바람의 폭력이 장례라는 철학으로 미화된다
보이는 것은 無의 형상이다
짓눌린 것이 虛의 무게이다
음양의 골짜기를 돌아서 원시로 돌아가니 풍장이다
시간의 흡인력에 끌려서 무위로 돌아가니 귀소이다
낙엽은 시간의 부스러기다
낙엽은 소멸의 정거장이다

달은 시간의 풋살이다

안산천 잉어가 달의 노란 살덩이를 물고 다닌다
입술은 닳아도 배가 부르지 않는 까닭을 모른다
그것은 살코기가 아니다
시간의 편육이다
빛이 눈을 속인 것이다
눈이 색을 탐한 것이다
보이는 것은 눈을 배부르게 한다
화려한 것은 살을 눈부시게 한다
미끼에 현혹되면 무의식이 주인이 된다
미끼에 끌려가면 무의식의 노예가 된다
달은 시간의 풋살이다
오늘도
꿈속을 헤매는 몽유병자가
소유병을 치료하려고 주막을 찾았다
덜 익은 달덩이를 쓰디쓴 술잔에다
풀어
넣
는
다

노을

절정이다
혓바닥을 내밀고 활활 갈증을 내뿜는다
노익장을 사르며 훨훨 불 속을 내달린다
기염을 토하니 호기가 산이다
앞산을 태우니 가슴이 불이다
저잣거리에서 불춤을 추는 七旬의 뒤태
석양 자락에서 광대 짓 하는 사내의 도박
자기와의 불놀이에 취해서 온몸이 타들어 가는지 모른다
그림자의 불 잔치에 취해서 제 살이 문드러지는지
모른다
그 불이 익으면 내일의 해가 될 것이다
그 삶이 익으면 거리의 등이 될 것이다
몸보다 앞서가는 삶
삶보다 먼저 타는 불
그 불은 흙을 구워서 옹기를 만들 것이다
그 불은 돌을 갈아서 석화를 피울 것이다
종을 울려라
표를 세우라

눈이 쌓이는 밤에

세상의 시원은 창세기가 아니다
새하얀 꽃이 쏟아지는 天空이다
보이는 것들의 최후가 도래했다
물질주의에 곪은 환부의 약이다
내가 얼마나 원망했는지 하늘은 알 것이다
내게 얼마나 토라졌는지 허공은 알 것이다
虛속에 實이 있었구나
實속에 失이 있었구나
황톳물이 가라앉으니 기망한 것이 色이었구나
구정물이 가라앉으니 흔들린 것이 動이었구나
밑 빠진 항아리의 허구
반신불수 된 서민의 삶
변용의 달인들이 만든 일회용 허수아비는
제풀에 죽었지만
서러운 눈밭에 내팽개친 이 시대의 허기는
그 누가 채우랴
역겹고
구질구질한 갑질이
세상을
속인다

저무는 골목에서

낮의 선입견이 가시거리를 지배하려 든다
밤의 술래들이 네온싸인을 희롱하려 한다
명암의 근원이 시視이고
흑백의 논리도 시視이다
보이는 것들의 우롱이다
들리는 것들의 작란이다
착시현상은 꽃들의 군락지이고 현실은
뱀들의 서식지이다
뱀의 꼬리는 나의 신봉자이고 그 머리는
나의 부랑자이다
머리와 꼬리가 긴 선에 묶여있다
구속과 자유가 한 줄에 엮여있다
숙명이다
사족이다
독한 술로 칠순의 허물을 벗겨내려 하지만
날이 새면 다시 벽에다 구멍을 낼 것이다
도려내고
잘라내도
다시 자라나는
뱀의
꼬리

🌱 바람과 시간

하얀 감꽃이 붉은 홍시가 되어가는 과정이 아름답소
노란 꽃잎이 호박이 되어서 삶을 살찌우니 아름답소
낮과 밤이 하루를 채우고 살과 뼈가 하나로 합치니
바다는 내 삶의 수평선이었고
뒷산은 내 길의 포물선이었소
해와 내가 줄다리기했던 날은 분주했고 별과 달이 숨죽인 밤은 너무 고요했소
시대의 급물살에 떠밀리다 보니 사람의 가슴이 구명줄이었고
오르락내리락 경제라는 시소를 타다 보니 호흡마저 가쁘구료
관심은 서로의 살이 되었고
관음은 젊은 날의 독이었소
술상을 가운데 두고 둘러앉은 나의 친구들이여
한솥밥이 나눗셈이오
밥상을 사이에 두고 둘러앉은 나의 식구들이여 나누기가 더하기라오
꽃샘추위가 울타리에다 매화를 피우던 날엔 함께 웃었고
마파람이 뜨거운 빗방울을 뿌리던 밤에는 같이 울었지요

노을 꽃을 들여다보니 바람의 무늬이고
석양길을 걷다 보니 시계추의 기망이요
아픔도 사탕 같은 추억이고 고뇌도 꽃을 따는 시련이오
살아온 칠십 년은 몽상의 정류장이었고
걸어온 여행길은 바람의 숨바꼭질이오
나이는 시간의 유물이고
백발은 몽환의 꽃잎이오

本 鄕

유년의 고향은 어머니의 복중이었다
청년기 고향은 몸뚱이의 출생지였다
육순의 고향은 무소유가 고향이었다
칠순의 고향은 그리워하는 사람이다
동심을 잃어버린 나는 바람에 기대어 사는
한낱 고깃덩이다
동정을 앗겨버린 나는 바람을 더듬고 사는
한낱 오입쟁이다
밖의 나는 허의 실체인가
안의 나는 공의 유체인가
이념의 관속에 드러누운 시신인가
통념의 틀 속에 갇혀있는 의식인가
나를 차지하려고 싸우는 그놈들도 예전에는 절친했다
지금은 인간의 본분을 행하려고 서로가 옥신각신한다
화해를 시키려고 했지만
수박 속의 붉은 반란이다
고깃덩이 속의
푸른 어혈이다

보이는 것이 고향이 아니다
들리는 것도 고향이 아니다
본향은 향수에 깃든
절반의
묘妙
이
다

✒ 뺄셈의 여백

가을 달빛이 뜨락에다 자수를 놓으니
바늘 끝에 찔리면서 국화가 피어난다
색을 더하니 꽃이다
대를 세우니 돛이다
동풍을 타고 서쪽으로 가고 남풍을 안고 북항으로 간다
바람의 방랑이고
가을의 순례이다
한 바퀴 돌아오니 아직도 바늘 끝이다
두 바퀴 따라가니 늦가을 서리 밭이다
관념의 공전인가
상념의 자전인가
바람의 서곡에 국화향이 울려 퍼진다
국향에 월광을 더하니 秋節의 極이다
생멸은 자연의 호흡이고 有無는 시차의 행색이다
有終이 자연의 귀결이면 인간의 귀로는 미완이다
오늘의 서투름이 내일의 시들지 않는 꽃이라
바람의 공식은 숫자풀이가 아니다
가을의 산수는 덧셈 곱셈이 아니다
여백을 채워가는
뺄셈이다

염세厭世를 지나야 낙천樂天에 이른다

삶은 환각이다 몽환의 숲이다
삶은 환청이다 환몽의 춤이다
보이는 것들이 허무의 살이다
들리는 것들이 공허한 소리다
밤마다 꾸었던 수많은 꿈들은 처음부터 주소가 없었고
날마다 부딪힌 수많은 갈등은 어디에서 어디로 묻혔다
허깨비의 굿판이었고 풍각쟁이 마당이었다
꿈이 만들어낸 무지개이고
생활이 기망한 자작극이다
부르짖었던 평생의 구호도 몽유병의 외침이었고
밤새도록 꼬집었던 허벅지도 몽환의 헛살이었다
꿈을 신봉하면서 나는 나를 방임했다
꿈은 몰인정해서 내가 나를 기망했다
수십 년의 자기환상이 깨지고
수천 번의 자기최면이 풀려야
비로소
낙천에
이른다

현실이 천국이다

회춘의 몸짓인가 약자의 내성인가

잠재적 동사이고 침묵의 미동이다
의식의 맥박이요 말초적 혈관이다
기대의 부활이요 희열의 출산이다
봄엔 누구나 상상임신을 한다
봄엔 평균치 이상을 기대한다
몽환의 숲속에서 뛰노는 바람이 늙은 가슴을 희롱하니
항구를 울리는 뱃고동이 무인도의 허벅지를 꼬집는다
춘몽의 바다에서는 쌍돛배가 둥둥 떠다니는데
홑이불 속에서는 야윈 구름이 바람을 기다린다
봄에는 외로와서 호사이다
봄에는 그리워서 호강한다
회춘의 몸짓인가
약자의 耐性인가
저 문창살 뒤에는 무엇이 들어차 있을까
저 사립문 밖에는 누가 기다리고 있을까

고삐 풀린 봄바람이 입덧을 하니
끈이 풀린 속치마가 달을 품는다

自 畫

나룻배가 사막을 건너간다.
뱃사공의 생각이 길일까 바람의 의도가 길일까
돛대에 묶인 몸뚱이
바람에 의지하는 삶
생활이 오선지를 희롱하니 모래바람이 막춤을 춘다
초심이 건반을 오르락내리락하니 소신이 비틀댄다
미숙과 경륜의 낙차가 돛과 닻의 간격인지
만조와 간조의 낙차가 품은 달의 거리인지
돛이 생각의 방향일까
닻이 황혼의 발목일까
노의 반란이다
돛의 과욕이다
시간을 단죄하면서 달력의 유죄를 입증한다
밀물을 단죄하면서 썰물의 무죄를 변호한다
파도를 닦달하면서 바람의 여죄를 추궁한다
자신의 하수인이 되어가는 뱃사공
뜬구름을 쫓아가는 황혼녘 나룻배
돛이 부풀어 오르니
닻이 수심을 거둔다
노을이
낙관을
찍는다

빈 가슴 훑고 가는

달은 상상의 주술인가
꿈은 생활의 신약인가
주술을 외우니 뼈가 녹아내린다
신약을 삼키니 꿈이 되살아난다
춘삼월이 풀무질한다
봄바람이 부채질한다
닳아진 육신
휘어진 칠순
보릿대는 굵어지는데 뜨겁지 않은 춘풍이 의심스럽다
달래 냉이는 살이 오르는데 풀피리가 없어서 미안하다
마음만 봄인가
가슴만 불인가
무엇이 기억의 물방아를 돌리는가
누구가 오늘 밤 술래를 희롱하는가
굿소리인지
군소리인지
그리움인지
하소연인지

한밤중 뻐꾸기울음에
빈 가슴을 훑고 가는
바람
한
줄
기

✑肉이 붉은 것은

얼음을 부어도 들끓는 가슴
칠순의 손끝에서 불이 탄다
불은 나의 좌우명이요 불은 나의 불문율이다
불은 내 가슴을 훔쳐간 절도범이고 혼을 불사르는
방화범이다
불은 희망이 솟구치는 우물이고
불은 용암을 뿜어내는 화산이다
내 삶의 원동력이고
내 삶의 종착역이다
불놀이의 쾌감에 내 몸이 타들어 가는 줄을 모른다
불노을의 광기에 내 살이 문드러지는 줄을 모른다
불탄 자리에서 재생의 새살이 돋는다
마른 사막에서 자활의 샘물이 솟는다
촛불은 산소로 몸을 태우지만
칠순엔 꿈으로 불이 발화한다
불을 뿜으며 산을 오르고 불꽃을 사르며 강을 건넌다
칠순경륜을 번제로 올리고 백팔번뇌를 제물로 삼아라
만년에는 다들 노을빛을 삼키고 살아가지만
肉이 더 붉은 것은 꿈이 불덩이기 때문이다

뜨거운 불을 사르는 불새는 밤마다 얼음을 삼킨다
살이 뜨거운 불새는 새벽마다 제 깃털을 뽑아낸다
이토록 냉혹함은 얼음 때문일까
이토록 잔인함은 자아 때문일까

해장국집에서

쓰나미가 지나간 자리에서 영혼의 잔재를 추스르며
격정의 무소불위한 폭력을 뜨거운 국물로 탄핵한다
양심을 도륙한 거짓의 사악함을 죄 없는 돼지의 시신을
우려낸 뿌연 국물로 변제한다
어젯밤에 양심의 정수리를 쪼개던 도끼의 의로움을 찬양
하는 조촐한 의식이 치러졌다
젓가락과 깍두기 사발과 국그릇 하나가 주례를 치른다
무엇이 옳은가 무엇이 다른가
맑음이 아니면 모두가 탁인가
내 편이 아니면 모두가 적인가
어젯밤에도 나와 의심이 친목하고 오늘 밤에는 내가 의
심과 반목한다
유불리가 삶의 춤인가
무골인의 정이 탈인가
자아의 질곡에서 벗어나려 하지만 바닥이 허공이다
숫자의 관념에서 탈출하려 하지만 가슴이 밧줄이다
술독에 빠져서 자의식과 무의식이 공멸한다
안주가 달달해서 삶의 해법마저 잃어버린다
생존과의 타협은 장사치의 묵시인가
생활과의 반목은 황혼녘의 반탄인가
사문법이 되어버린 양심이 면죄부에 끌려간다

사막화가 진행 중인 영혼에 모래바람이 쌓인다
쓸쓸한 황혼녘에 사면권 한 장을 얻기 위해서
나는 독주를 마신다
달빛이 어우러진 천국표 한 장을 받기 위해서
나는 자학과 춤춘다
육신의 갈구와 마음의 제어가 맞물리면서 허공을
굴리는 다람쥐 쳇바퀴
사족을 떼어내지 못하는 원죄와의 더부살이야말로
군더더기 철학이리라
주막집의 등불이 꺼지기 전에 여죄를 밝히리라
주모의 등이 구부러지기 전에 술잔을 울리리라
쓰라린 창자는 술의 허구를 알 것이다
쓰라린 창자는 술의 기교를 알 것이다
술은 삶의 책사策士이고
술은 나의 방사方士이다

結 文

저자 김천복 시인

껍질은 붉은데
속살이 퍼렇다
아직도 나는 철부지 칠순이다
아직도 나는 설익은 홍시이다
경륜의 미숙을 이실직고한다
함량의 미달을 솔직 자백한다
과육 한 덩이 내놓으려고 수십 해를 나무에 매달렸다
군살 한 움큼 자랑하려고 수백 번을 바람에 흔들렸다
허공을 딛고 살아온 세상살이
자신을 밟고 견뎌온 시집살이
폭염과의 동거도 마다하지 않았다
폭우와의 밀애도 슬퍼하지 않았다

바람은 나무의 운명이고
바람은 존재의 고향이다
칠순이 집시의 주소를 묻는다
그러나 구름은 거처가 없다
칠순에 집시가 문패를 세운다
그러나 바람은 주소가 없다
만년의 고독을 감내하며
허공에 집착하는 칠순이
홍시를
익힌다.

김천복 시인의 특선집

絶 歌

초판발행　　2024년 10월 12일
지은이　　　김천복
발행인　　　안 명 기
표지 디자인 백종민
편 집　　　안 명 기
펴낸 곳　　 도서출판 댕글
등 록　　　제 2022 - 000018호
주소 서울특별시 강동구 명일로 27길 31
전화 (대표) 010 - 9449 - 6691
E-Mail: fame111222@naver.com

정가:13,500원　ISBN : 979-11-978756-7-0

*이 책의 저작권은 저자와 도서출판 댕글에 있습니다.
*잘못된 책은 구입하신 서점이나 도서출판 댕글에서 교환 가능합니다.